Zhongguo Wenhua
Zhishi Duben

中国文化知识读本

潼 关

主编 金开诚

编著 袁 纬

吉林出版集团有限责任公司

吉林文史出版社

图书在版编目（CIP）数据

潼关 / 袁玮编著 .—长春：吉林出版集团有限责任公司：吉林文史出版社，2009.12（2022.1 重印）
（中国文化知识读本）
ISBN 978-7-5463-1939-1

Ⅰ . ①潼… Ⅱ . ①袁… Ⅲ . ①潼关县 – 概况 Ⅳ .
① K924.14

中国版本图书馆 CIP 数据核字（2009）第 237206 号

潼关

TONG GUAN

主编/ 金开诚 编著/袁玮

责任编辑/曹恒 崔博华 责任校对/王新

装帧设计/曹恒 摄影/金诚 图片整理/王贝尔

出版发行/吉林文史出版社 吉林出版集团有限责任公司

地址/长春市人民大街4646号 邮编/130021

电话/0431-86037503 传真/0431-86037589

印刷/三河市金兆印刷装订有限公司

版次/2009 年 12 月第 1 版 2022 年 1 月第 4 次印刷

开本/650mm×960mm 1/16

印张/8 字数/30千

书号/ISBN 978-7-5463-1939-1

定价/34.80元

关于《中国文化知识读本》

文化是一种社会现象，是人类物质文明和精神文明有机融合的产物；同时又是一种历史现象，是社会的历史沉积。当今世界，随着经济全球化进程的加快，人们也越来越重视本民族的文化。我们只有加强对本民族文化的继承和创新，才能更好地弘扬民族精神，增强民族凝聚力。历史经验告诉我们，任何一个民族要想屹立于世界民族之林，必须具有自尊、自信、自强的民族意识。文化是维系一个民族生存和发展的强大动力。一个民族的存在依赖文化，文化的解体就是一个民族的消亡。

随着我国综合国力的日益强大，广大民众对重塑民族自尊心和自豪感的愿望日益迫切。作为民族大家庭中的一员，将源远流长、博大精深的中国文化继承并传播给广大群众，特别是青年一代，是我们出版人义不容辞的责任。

《中国文化知识读本》是由吉林出版集团有限责任公司和吉林文史出版社组织国内知名专家学者编写的一套旨在传播中华五千年优秀传统文化，提高全民文化修养的大型知识读本。该书在深入挖掘和整理中华优秀传统文化成果的同时，结合社会发展，注入了时代精神。书中优美生动的文字、简明通俗的语言、图文并茂的形式，把中国文化中的物态文化、制度文化、行为文化、精神文化等知识要点全面展示给读者。点点滴滴的文化知识仿佛繁星，组成了灿烂辉煌的中国文化的天穹。

希望本书能为弘扬中华五千年优秀传统文化、增强各民族团结、构建社会主义和谐社会尽一份绵薄之力，也坚信我们的中华民族一定能够早日实现伟大复兴！

目录

一 潼关的地理概况·

陕西秦岭太兴山

今潼关县北临渭水与黄河，县境东西宽、南北长各约 25 公里。地势呈南高北低的不规则梯形：南部 39% 的面积是秦岭山地，一般海拔 800—1800 米，最高峰八道峱海拔 2132 米；中部 45% 的面积为黄土残原，海拔 400—800 米，沟深坡陡，原面破碎；北部 16% 的面积是黄河、渭河二级阶地和冲积平原，最低海拔 328 米。县境内有发源于秦岭山地的七条峪道，皆为季节性水流，天旱多干涸。自东而西依次为：西峪、桐峪、善车峪、太峪、麻峪、蒿岔峪和潼峪；前五峪之水在港口镇东南方向的坡头村南面汇合后，经河南灵宝县境内注入黄河；后两峪在苏家村南面汇合为一，经港口镇（旧潼关）之东注入渭河。

　　潼关县地理形势中，秦岭山地和黄土残原区皆交通不便，晴通雨阻。在交通工具简陋和技术低下的古代，其艰难程度可想而知。东汉末年至唐天授二年之前，潼关城是在南原之上。南原地形稍显平坦，但整体狭窄（东西宽约2公里），海拔约550米；其两侧便是流水深切的远望沟和金沟（唐代称"禁沟"，其上游即蒿岔峪），与南原的相对高差超过200米。当关城在此原上时，从东方的河南道虢州（今河南灵宝市）西入关中，须经阌乡县西北35里

潼关风光

潼关的地理概况

潼关风光

的黄巷坂。此坂道北面与黄河仅隔一道高崖，道南即是南原，坂道夹处于崖原之间，长约15里，车不方轨。循此坂道上行到远望沟口，再傍沟涧登上南原，方才进入潼关城，然后再下关西的禁沟北行，出沟后循渭河南岸驿道西去。

按自今港口镇东行约2.5公里至黄巷坂，其名自汉已然。再迤东至于河南灵宝，属崤山北麓，地貌形态高下起伏，多沟涧峭崖，东西往来之道或行沟谷之中，或经山原之上，多迂曲峻坂，车不方轨。北魏郦道元记曰："河水自潼关东北流，水侧有长坂，谓之黄巷坂，坂傍绝涧（按即远望沟），陟此坂以升潼关，所谓泝黄巷以

济潼矣。历北出东崤，通谓之函谷关也。邃岸天高，涧道之峡，车不方轨，号曰天险。"

　　唐代潼关城隔河北望风陵津，再北60里有蒲津舟桥，乃潼关之辅翼。潼关城西至长安300里间，川途旷然。从军事地形角度观察，今豫西山地、陕西华山山地和商洛山区，对交通的影响特别突出——关中与关东之间的直通线，便是渭河—黄河水道与黄河南岸的崤函古道。然潼关以东黄河因有三门峡谷与砥柱之险，遂使陆路交通尤显重要。

　　再扩大言之，今太行山地、豫西丘陵山地和陕西商洛山区，呈东北—西南形势绵延

潼关县沙漠

秦岭祥裕口

千余里，以海拔较高而地形复杂的中间地带，阻隔着汾渭盆地与华北平原的交通往来。在古代，横穿这道中间地带的陆路有三条：晋南豫北通道（临晋关—轵关道）、豫西通道（函谷道）、商洛—南阳通道（武关道）。其中以函谷道最为通畅便捷。

潼关

二 潼关的风景名胜

仰韶文化灰陶

（一）潼关景观

1. 潼关十二连城

潼关十二连城，又名烽火台，俗称墩台，位于距潼关县城东约 3 公里的禁沟两岸。禁沟北起禁沟与潼河交汇处，南至秦岭蒿岔峪口，南北长约 15 公里。沟底经过长期山水冲刷，形成宽 30 米的平坦斜坡道，成为通往潼关城右侧的一条军事要道。

自唐朝以来的各个时期，为了潼关的安全，在禁沟西岸，分筑方形土台 12 个。土台底边长 11 米，宽 10.5 米，高 7.6 米，夯层 9-14 厘米。土台四周均有唐至明、清的瓦砾片。这些设施，属于防御性的军事堡垒，由于与潼关基本相连接，故称"十二连城"。

2. 仰韶文化遗址

仰韶文化，因在河南渑池仰韶村发现，故名。仰韶文化也称彩陶文化，多数是粗陶，这是当做同系统文化的代表名称。

在潼关县境内，已发现的仰韶文化遗址，有两处：

一处是南寨子仰韶文化遗址。位于吴村乡南寨子鱼化屯小河和潼河交汇处，南高北低，东西宽约 350 米，南北长约 1000 米。这处遗址的文物，除部分灰坑因修筑陇海铁路受到一些破损，大部分尚保存完好。发现有高 2.5 米、长达 30 米的灰层一处，直径 3—4 米的灰坑 11 个，人骨架 3 个，出土文物有石斧、石镰、石环，还有红灰陶环，夹沙红网坠的口、耳、底，有彩陶钵、红陶盆、夹沙陶罐等的口和底，还有红、彩陶片等。陶器饰多样，有绘画纹、网纹、水纹、绳纹、兰纹和附加堆纹等。

另一处是张家湾仰韶文化遗址。位于港口镇张家湾圪岔路以西的"二层高原"（当地人叫"二层台"）上，东西宽约 50 米，南北长约 100 米。这处遗址发现有露出在南高红 2 米的灰坑两个。灰坑内有集中的草泥和红烧土，抗日战争前夕至

仰韶文化文物

今，出土了陶器瓦瓮、瓦罐、陶瓷瓦瓮、陶片和石块等文物。陶器纹近几年有绘纹、画纹、兰纹等多种。

这两处古文化遗址，依山傍水，土地肥沃，具有人类聚居生存的优越条件。它们都是在1980年经省、地、县普查文物小组发现鉴定的。出土文物收藏于县文化馆中。

3. 佛头崖

佛头崖，在今陕西潼关县治南10公里的安乐乡的松果山上，因其形似佛头而得名。它是秦岭在潼关境内最高的山峰。《潼关县新志》称："关南名胜，无逾此者。"

佛头崖山势峻峭，直若刀劈。崖上树木挺

仰韶文化遗址出土的灰陶瓦罐

拔、郁郁葱葱。山径蜿蜒曲折，俗称"十八盘"。
人攀其上，若步云梯。佛头崖有唐贞观十年（636年）
兴建的菩萨庙一座，正殿五间，僧舍十间。庙院
依山临壑，风景秀丽。庙前古树参天，松柏掩映。
庙后悬崖陡壁，直插云霄。环顾山间，重峦叠翠，
云雾缭绕，秀冶欲滴。远眺山处，田陌村舍，滔
滔黄渭，尽收眼底，令人心旷神怡。库院近处有
两处水潭：黑龙潭阴森可畏；黄龙潭澄澈见底。
二潭清冽甘美，饮之可口，吸引游人樵夫流连忘返。

佛头崖海拔高达 1806 米，对潼关的气候有一
定影响。农谚说："云覆顶则雨。"解放前，每
遇久旱，农民多至此拜佛求雨，每年农历六月初十，
佛头崖庙会，香客游人，络绎不绝。

潼关的风景名胜

（二）潼关八景

潼关八景，是潼关地区能够欣赏的八
处胜景。八景分别是雄关虎踞、禁沟龙湫、
秦岭云屏、中条雪案、风陵晓渡、黄河春涨、
谯楼晚照、道观神钟。现分别介绍于下：

1.雄关虎踞

雄关，是指潼关故城东门的关楼。虎踞，
是指东门外麒麟山角形似一只猛虎蹲在关
口。东门城楼北临黄河，面依麒麟山角，
东有远望沟天堑，是从东面进关的唯一大
门，峻险异常，大有"一夫当关，万夫莫开"
之势。进关时，沿着东门外陡坡道拾级而上，
举目仰望关楼和巍峨的麒麟山，恰如一只

雄关虎踞

潼关

眈眈雄视的猛虎，守卫着陕西的东大门，以威严雄险著称。清代淡文远胜赞雄关虎踞："秦山洪水一关横，雄视中天障帝京。但得一夫当关隘，丸泥莫漫觑严城。"

2. 禁沟龙湫

上有悬瀑，下有深潭叫做"龙湫"。禁沟龙湫景致在禁沟口石门关北面禁沟水与潼河相汇处。北距潼关故城约 2 公里。

禁沟既长且深，下有流水，水源出自秦岭蒿岔峪，汇合沿途泉水流至沟口石门关。沟床突变，湍流直下，飞沫四溅，好似白练高挂。沟水下落与潼河相溶，汇为深潭。碧波荡漾，鱼跃兴波，绿树成荫，花香鸟语，

龙湫瀑布

潼关的风景名胜

上有悬瀑，下有深潭叫做"龙湫"

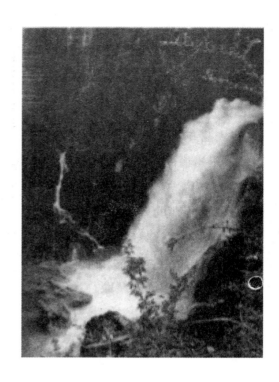

龙湫瀑布风光

潼关

颇有江南水乡风韵。明代林云翰咏《禁沟龙湫》诗云:
"禁沟山下有灵源,一脉渊深透海门。龙仰镜天嘘
雾气,鱼穿石罅动苔痕。四时霖雨资农望,千里风
云斡化云。乘兴登临怀胜迹,载将春酒醉芳尊。"

3. 秦岭云屏

秦岭云屏,把秦岭云雾缭绕的自然的风光比作
潼关的屏风。

潼关南面的秦岭峰峦起伏,苍翠清新,令人赏
心悦目。每当雨雪前后,景象更为佳妙,峰峦中游
云片片,若飘若定,似嵌似浮,来之突然,去之无踪。
忽而若龙腾跃,忽而若马奔驰。有时如丝如缕,有
时铺天盖地,或如高山戴帽,或如素带缠腰,或如
绵团乱丝。千姿百态,变化无穷。迨旭日初露,锦

秦岭太白山风光

幛乍开，五光十色，山为画，画为山，画山融为一体。《秦蜀驿程记》的作者曾欣喜地写道："河南（黄河以南，指潼关一带）连山，绵绵不绝。……时见白云逄逄，自半山出，惝恍无定姿，心目为之清旷。"现在，每当秦岭云屏出现的时候，人们仍可尽情欣赏这一胜景，分享自然的乐趣。淡文远《秦岭云屏》诗云："屏峙青山翠色新，晴岚一带横斜曛。寻幽远出潼川上，几处烟村锁白云。"

4. 中条雪案

秦岭连珠潭雪景

秦岭太兴山风光

潼关的风景名胜

中条山风光

中条指中条山，在今山西省。其西面端与潼关隔黄河相望，明代时为蒲州所辖。中条雪案，指中条山清幽的雪景。在古代，潼关正是军事重镇，设防范围北跨黄河，在蒲州境内筑守御城，设千总，管辖蒲州一些关津渡口。潼关故城处正是欣赏中条雪案的最佳位置。

大雪纷飞，苍翠的中条山如今银装素裹。站在潼关城头北眺，但见"千山鸟飞绝，万径人踪灭"，满目皑皑，"大河上下，顿失滔滔。山舞银蛇，原驰蜡象"。银为树，玉作峰，粉塑栏杆，素裹山川。倘好雪后新晴，则银光四射，琼瑶失色，云游雾荡，观者恍惚置身于仙境之中。凡是冬季到潼关来的游客，在大雪天和雪后放晴之日，都能欣赏到中条雪案的美景。淡文远《中条雪案》诗云："迢遥北望俯群山，满眼平铺霜雪环。疑是蓬莱山上石，移来一片拱岩关。"

5. 风陵晓渡

风陵，神话传说中女娲氏之墓。位于潼关故城东门外黄河岸河滩。风陵处的渡口叫"风陵渡"。女娲姓风，风陵渡因此得名，潼关也由此被尊为天下第一风水宝地。

潼关城地处黄、渭二河交汇处，早在春秋时期，就是交通枢纽，水路要冲。清雍正六年

风陵渡风光

女娲姓风，风陵渡因此得名

（1728 年），风陵流就有"官船十一只，水夫八十四人"（《续潼关县志》）。每日拂晓，沉睡的黄河刚刚苏醒，岸上树影依稀可辨时，南来北往的客商就熙熙攘攘地朝风陵渡集结了。推车的、骑马的、赶牲口的、荷担的、负囊的……接踵而来。有的赶路，有的候渡，有的则已经坐在船头泛舟中流。遥望黄河上下，烟雾茫茫，桅灯闪烁。船只南北横驰，彩帆东西争扬，侧耳倾听，哗哗的水声，吱吱的橹声，高亢的号子声、顾客的呼喊声、鸟鸣声、钟声汇成一片，古渡两岸回荡着优美的清晨争渡的交响曲。淡

文远咏《风陵晓晓》诗："洪波一片接天时，几叶扁舟渡晓晴。秦晋漫云南北限，此陵自古达潼城。"

6. 黄河春涨

万物复苏，春暖花开，黄河上游的万山丛中，积雪消融，封冰解冻，黄河流量剧增。站在潼关城头北眺东望，只见银光四闪的冰凌伴随着河水汹涌而下，水天一色，眼前一叶叶冰船傲居浪头，忽高忽低，时隐时现，有的排着长队，中流争渡；有的单枪匹马，岸边徘徊。风声、水声、隆隆的冰块相撞声，威武雄壮，激荡情怀。林云翰《黄河春涨》诗云："冰泮黄河柳作烟，忽看新涨浩无边。飞涛汹涌警千里，卷浪弥漫沸百川。两岸晓迷红杏雨，一篙春棹白鸥天。临流会忆登仙事，好借星槎拟泛骞。"

7. 谯楼晚照

谯楼，古代建筑在城门上的楼，楼上驻兵，用以瞭望，报警报时。谯楼晚照，指日落时候潼关谯楼（指西城门楼）的景致。

夕阳西下，晚霞似火，高大巍峨的谯楼西城门楼披上锦衣，置身于彩云之中。雕柱斗角，飞檐钩心，光辉四射，谯楼暗亮分明，

谯楼晚照

潼关

道观神钟

边沿折光，五颜十色。栏杆空处，红霞道道如束。谯楼四周"归鸿默默争先集，落雁翩翩入望中"。楼上游客，指点山川，似在画中赏景。清代潘耀祖《谯楼晚照》诗云："画楼突兀映麒麟，斗角钩心满眼春。待得夕阳横雁背，鼓声初动少行人。"

8. 道观神钟

道观指道教的庙宇。道观神钟，因道观里的异于一般的"神钟"而驰名。

相传在明万历年间（1590年）洪水泛滥，黄河汹涌澎湃，流有雌雄二钟。雌钟（铁钟）止于潼关，"出，扣拓阴晴"；而雄钟（铜钟）则流于陕州。

秦岭墓塔

潼关风景

潼关

万历二十四年（1596年），这口奇异的雌钟被悬挂在麒麟山顶的钟亭上。钟亭周围绿树参天，白云缭绕，晨昏叩之，钟声抑扬顿挫。"宫商递变，律吕相生，声扬远闻"，清脆悦耳，山川生色。潘耀祖《道观神钟》诗云："大河水泛出鲸鱼，仙院移来岗上居。撞破尘缘声几点，寒山遗响震穹庐。"

三 潼关的民间传说

潼关历史源远流长，武王灭殷之后，"归马于华山之阳，牧牛于桃林之野"。桃林就是潼关。潼关还是古代帝王祭祀天地五帝的固定地方之一。历来上记载潼关在"秦献公时金雨，故于此作畦峙祀白帝。"金雨就是陨石雨。潼关出现陨石雨，秦献公看成是"金瑞"，得天下之吉兆，故建畦峙每年祭祀白帝。后来秦始皇果然得天下，潼关就成了金瑞吉祥之地。古代著名文人僧一行评论说："天下之山河，存乎两戒，北戒自三危积石，负终南地络之阴，东走太华以至于潼，南戒自岷山嶓冢。负地络之阳，东走太华，以至于潼，而两戒会于

潼关景色

潼关

一则潼者，两戍之会区也。"这就给潼关蒙上了无比神秘的色彩。民间流传的许多神奇传说，无论是盘古开天地、巨灵造山河，还是女娲炼石补天，都与潼关有着千丝万缕的联系。这些都反映出潼关深厚的文化积淀。

（一）潼关站逸事

在陕西省境内，有一个火车站叫潼关站。古时候，这里受地形和自然条件的影响，每当早晨和傍晚便云蒸霞蔚，烟雾缭绕，五光十色，因而古称烟岭镇。但后来为何又改为潼关呢？民间流传着这样一段故事。

话说北宋真宗年间，我国北部少数民族部落

不时侵扰中原，烽火连天，狼烟迭起，神州大地处处兵荒马乱、刀光剑影。朝廷于荒乱之中召集文武百官共商大事。大家众说纷纭，有的主张弃城南迁，有的主张以米、帛、美女求和。唯有老臣寇准犯颜直谏，主张迎击敌酋，力挽狂澜。他陈述了战则胜、降必亡的道理，侃侃而谈，使人心悦诚服。真宗听了几番论述，比较了事情的利害关系，准了寇准的奏本，并颁旨下谕，御驾亲征。

皇帝的车辇还未到边关，众将士闻讯欢呼，勇气倍增。他们浴血厮杀，奋力拼搏，即使马革裹尸也要力保江山社稷。经过数次交锋，北宋将士终于迫使敌酋俯首投降。然

黄河沿岸民居

潼关

而，就在这个紧急关头，宋真宗却听信谗言，将寇准罢相贬官，削职为民。

这一意外的飞来横祸使寇准心灰意冷，沮丧颓废。他仰天长叹，触景伤神，借酒浇愁。在京都，他百无聊赖，遍访挚友宾朋、至亲同僚，每日对酒狂歌，听丝弦之韵，看舞姬之姿，赏花间枯荣，思大宋山河。

在一次宴会上，他看到一位歌女风度翩翩，容颜楚楚，并且舞姿轻盈，于是就赐她一匹上等绢绫。一打听，才知道这位歌女名叫茜桃，家乡在南山烟岭镇一带，她出身寒微，历尽苦难，虽然祖祖辈辈从事农桑，然而衣不遮体，食不果腹。万般无奈之下，她流落为歌女，以卖唱

黄河摆渡

潼关的民间传说

为主，受尽屈辱。今日，她得到赏赐，不觉感慨万千，十几年的辛酸苦辣一起涌上心头。为感谢寇准的知遇之恩，她当场写了《呈寇公》诗一首："一曲清歌一束绫，美人犹自意嫌轻。不知织女萤窗苦，几度抛梭织得成。"

寇准看罢，不觉羞惭愧疚，悔恨不已，怨自己过去对民间疾苦了解得太少了。过了一段时间，寇准将茜桃收为侍妾，在烟岭镇修了一处宅院，还将烟岭镇改称潼关。陇海铁路修筑时经过此地，此地的车站依地名设为潼关站。

潼关风光

潼关

（二）潼关沟壑的故事

潼关县方圆不足五百平方公里，却纵横交错着大小沟壑八百余条。提起潼关沟壑众多，当地流传着一段有趣的故事。

相传，盘古开天，潼关原是一片平野，并无沟壑。在巡底村北，有一座泗州城，城郊四野尽是平展展的肥沃土地。人们在这里辛勤耕耘，安居乐业。

一年盛夏，午后酷热难耐。百姓都聚集在街头巷尾的树荫下乘凉闲谈。突然，平空一声炸雷，如同山崩地裂一般，霎时天昏地暗，飞沙走石，忽然从半空浓云中走来一头两头八脚的魔怪。面目狰狞可怖，肩挑一副又粗又大的

秦岭脚下风光

水桶，里边盛满了水。人们惊恐不安，只见这个怪物用水桶堵住街头，朝众百姓厉声喝道："大胆生灵，你们去年竟不给河神祭祀，大王盛怒，命我来水淹你们泗州城，黄汤洗地，鸡犬不留。"人们一听，知道大难临头了。惊恐万状，慌忙跪地求饶："大仙息怒，我等小民去年未祭河神，早已知罪，请大仙回禀河神，就说泗州城百姓保证今后年年祭祀，绝不失误，望河神高抬贵手。"那魔怪一听，怪眼一瞪："不行！河神之命，岂能违抗？"说着就要兴妖倾水。

在这千钧一发之际，忽见一个陌生的老太婆走向那怪物，抬抬手说："壮士别忙，我路经此地，因天气炎热，口渴得要命，请你高抬贵手，让我喝口水吧。"魔怪心想，一个老太婆，喝口水碍什么大事？我担的是五湖四海、九江十八河的水，你能喝多少？就大笑说："要喝快喝，喝完了快快闪开。"这时，只见老太婆不慌不忙走近一只桶，弯下腰，一口竟把一大桶水喝了个精光。接着又要去喝另一桶水。那魔怪一看，大惊失色，慌忙去拉老太婆，可老太婆反手抓住魔怪的手腕，使他动弹不得。魔怪看这老太婆绝非凡人，惊恐之中，踢翻了一桶水，夺路而逃。

刹时间，只见大水铺天盖地而来，滚滚波涛涌向城池，田野里一片汪洋，泗州城危机万分。老太婆一看，急忙拔下头上的金簪子，左

冬日黄河

潼关的民间传说

胜利黄河大桥

一划，右一划，前一划，后一划。霎时，只见雷电交加，天摇地动，沙飞石走，老百姓吓得紧闭眼睛。不一会，当大家相互呼唤着睁开双眼，奇迹出现了：只见老太婆金簪划过之处，一条条深沟出现了，遍野的洪水都哗哗地流向深沟，泗州城围水退去，其他小村落都安然无恙。

后来人们才知道，那个魔怪是黄河龙

秦岭风光

门口蛟龙手下的一员蟹将，而老太婆是南海
观音菩萨。南海观音得知黄河蛟龙兴妖作怪，
残害百姓，才特地赶来相救。此后，黄河蛟
龙被南海观音罚往南海，永远不准再回龙门。
至今民间仍然流传着"水淹泗州，冲下禁购"
的神话故事。

四　通关怀古

（一）潼关位置

潼关城作为戍守要地，先后有三个关城，即东汉、隋、唐及其以后的潼关城。对这三个关城的建关时间、迁关原因、关城位置、关城形态等，以下将分别考证论述：

1. 东汉潼关城

作为守备要塞的潼关城，最早建于东汉末年，建城的具体年代虽已无考，但是在东汉献帝建安十六年（211年）"超等屯潼关"，随即曹操破马超于潼关，始有潼关之称，此后为世人称。可见在这次战争中，两军相争的潼关城，是最早的潼关城。也可以说，作为守备要地，是第一个潼关城。

东汉潼关城位于何处？据《水经注》云："河水自潼关东北流，水侧有长坂，谓之黄巷坂，傍绝涧涉此坂以升潼关，所谓溯黄巷以济（一作跻）潼关也。"《水经注》的作者北魏郦道元看到的潼关城，必然是东汉潼关城。按照郦道元的说法，自函谷关东来的大道到潼关城东，由于黄河紧切塬下，河边无路可通，只好经过一个黄土巷坡漫上，才能到潼关城，可见这

东汉潼关城遗址

个关城位于高埠之上。清代向准所修《续潼关县志》称："潼关古城在上南门外塬上，今其遗址尚存。"这里所说上南门，是指三门峡库区建设前的潼关县城东南半塬上的南门。潼关县南迁到吴村后，原潼关县城今称港口，为今潼关县港口乡政府驻地，上南门夯筑土台尤在。由上南门向南仰望汉潼关城墙，约略可见其上部。东汉潼关城在今潼关县港口乡政府驻地东南塬上。现只能看到汉潼关城的南墙和北墙。又据当地人讲，这个城只有南墙和北墙，没有东墙和西墙，但说不清为什么没有东墙和西墙。后经考察，东汉潼关城东临原望沟，西临禁沟及潼谷，两沟深堑壁立，可见东汉潼关城的东

潼关城遗址

潼关

西两侧以深堑为墙，所以没有再筑东、西两面城墙。东汉潼关城的南墙和北墙均延伸到原望沟和禁沟、潼谷的边缘。由于水土流失，城墙两端局部崩塌于沟内，从两端可见崩塌的残迹。留在地面的东汉潼关城的北城墙在陶家庄北侧，东西长约1公里，高约7米，黄土板筑，城门约略偏东，与港口潼关老城的上南门南北对峙。南城墙在杨家庄的南侧，城根（北）村的北侧，与原望沟和禁沟之间的古道交叉。这里的古道即东汉时期长洛大道必经之道，从而控制长洛大道。南城墙在平整土地时被拆毁，拆毁的城墙在当地隆起，清晰可见，在城根村的西北和原望沟的沟边仍残留

潼关古城遗址

部分城墙，其形态与北墙相同。南墙和北墙南北相距约115公里，由此可见东汉潼关城同样规模甚巨。东汉潼关城为什么能够保留下来？原来，这是一个偏僻的荒野，古今人烟稀少，关城废弃以后，很少有人到那里，这才有幸保留至今。站在东汉潼关城上观望关势，正如古人所云："上跻高隅，俯视洪流，盘纡峻极，实为天险。"

2. 隋潼关城

潼关城在隋代有过一次迁移，《通典》
称：隋炀帝"大业七年（611 年）移于南北
镇城间，坑兽槛谷置。"《通典》的作者杜
佑说，隋时所移潼关城在"坑兽槛谷"。那
么，坑兽槛谷又在何处？清代向准的《续潼
关县志》中云："坑兽槛谷，在城南四里，
南北镇城间，隋大业七年，徙潼关于南北镇
城间即此。"向准说的"在城南四里"，是
指在今潼关县港口乡南四里。又据清代饶应
祺所修《同州府续志》云："中咀坡古为连
城关，隋大业七年所迁关城也。"这里说的

隋炀帝下江南木刻

潼关怀古

连城关即是南北镇城。赵鹏超所修《潼关县新志》称：隋"大业七年，徙南北连城关，去今地四里"。赵鹏超说的"去今地四里"，即在今潼关县港口乡南四里。又据新编《潼关县志》称："隋大业七年（611年）迁关城于禁沟口。"禁沟口即在中嘴坡下。以上资料讲的都是同一地址，可见隋潼关城只有一个地址。另外，要说明的一点，在考证隋潼关城时不能以"城北村"为依据。城北村原称古城村（村临汉古城），后称城根村（村在汉城南墙根），后又演变为城北村。如果城北村存在，那么，即可推断在此村南有个城，那个城可能是隋潼关城。但是当今所称

潼关城东门遗址

潼关

的城北村，实为城根村或古城村。古无城北村，因此，不能依据城北村来推断隋潼关城。此村近临的古城墙在村北，而不在村南。村南广袤之地上亦无城墙遗迹。

现潼关一带，东汉潼关城以南地势平坦开阔，没有设关的条件，因而，隋城不可能向南迁移。港口南四里的中嘴坡下，是潼水与禁沟的汇合口，一片谷地，它位于汉潼关城南城墙的西南坡下，长洛大道从汉潼关城西行下坡必经这里，潼关城设在这里既可以有效地控制长洛大道，又可控制禁沟和通洛谷（潼水）南北通道，避免了汉潼关城不能控制南北的弊病，这也是隋迁潼关城的原因。隋潼关城地处禁沟

潼关古城遗址

潼关怀古

明潼关城遗址

和潼水河谷交汇之处，又处交通要道，所以城墙今已无存，隋城遗址内仅有烽火台一座，在隋城南侧中嘴坡塬头上清晰可见一高大烽火台。这个台居高临下，可能是隋潼关城军事要塞的讯号台。从考察可见，隋潼关城设在这里是确信无疑的。

3.唐、宋、元、明、清潼关城

潼关城到唐代有过一次迁移，这次迁移是在唐武则天"天授二年（691年），移向北近河为路"。即到了武则天天授二年，黄河南岸与塬之间可以东西通行，长洛大道沿河边行进更为方便，所以不再绕道塬上。为了控制大道，将潼关城北移到黄河岸边。这次迁移的关城虽已无踪迹可考，但据《元和郡县志》记载："关西一里有潼水。"也就是说，唐潼关城的西门距潼水一里，北墙紧挨黄河岸边，南墙应在南塬半坡，东门应是原望沟口东侧的黄巷坡内的金陡关。这样，唐潼关城既可控制东西大道，又可控制绕道原上的古道。唐潼关城设立后，隋城的防卫作用仍然存在，唐末黄巢义军进攻潼关时，唐军忘守禁沟，义军踏破禁沟，进而攻破唐潼关城，就是证明。

宋、元、明、清时期的潼关城，其位置没有多大的变化，都是在唐潼关城的基础上维修、拓展、加固。残留在今天港口的城廓是明代所修，该城的西门紧靠黄河，北墙立于黄河岸边，

潼关古城遗址

潼关古城李自成像

潼关古城遗址

东门接近原望沟口，南墙蜿蜒于南塬半腰，潼水穿城而过注入黄河。这个关城既可控制长洛大道，又可控制南北通道。比汉城和隋城更为科学适用。

（二）古战场中的潼关

潼关地处今陕、晋、豫三省交界，

潼关

潴关是扼关中平原的咽喉之地

俗谓之"鸡叫听三省"。今名"港口"，古
为"桃林塞"。因春秋战国时期，今河南灵
宝县以西，陕西潴关县港口以东，皆为桃林，
故有此名。

潴关，既是扼关中平原的咽喉之地，又
是入主中原的最后一处要塞。素有"畿内首
险""四镇咽喉""百二重关"之誉。虽建
关最晚，但乃四关之首。自东汉末以迄明清，
每当天下纷扰攘夺之际，凡占据关中者，必
坚守潴关；欲西取关中者，必先克潴关。这
里几乎是一个命中注定的天然战场，在其周
围发生的重大战事，有史可稽者达四十余次。

潼关风光

1.第一场著名战役

西北其中一支军队马腾军，本来拥兵自重，所以曹操在南下之前，便以汉室之名召马腾到京都为官，令其子马超不敢妄动。208年曹操于的赤壁大败，幸而能守住合肥，不被孙权攻下，加上孙权与刘备结成联盟，所以曹操加强南方的防备，转向西部拓展势力。

211年，曹操派钟繇出兵讨伐汉中的张鲁，另派夏侯渊等率兵至河东与钟繇军会合。高柔曾劝谏曹操："大兵西出，韩遂、马超疑为袭己，必相扇动。宜先招集三辅，

三辅苟平，汉中可传檄而定也。"曹操不听，
继续发兵。

　　关中各将果然产生怀疑，马超、韩遂、
侯选、程银、杨秋、李堪、张横、梁兴、成宜、
马玩等十数部军队起兵反抗，集结了十万羌、
胡、汉人混杂的军队，屯于潼关，准备进攻，
弘农、冯翊多个县邑起兵响应，百姓都从子
午谷逃入汉中。曹操便派各将领前往抵挡，
敕令他们："关西兵精悍，坚壁勿与战。"

　　七月，受形势所迫，曹操只得亲自率军
进击马超等，留曹丕守邺城。（通过多次交战）
许多人都认为："关西兵彊，习长矛，非精
选前锋，则不可以当也。"曹操却认为："战

潼关古城遗址

潼关怀古

曹操画像

在我，非在贼也。贼虽习长矛，将使不得以刺，诸君但观之。"曹操灵活地运用了战略，避免了野战，而采取坚壁不出的策略。

八月，曹操抵达潼关坐镇，与马超等互相对峙。

每当关西联军一部一部到来，曹操总是十分高兴。各将领不明原因，问他何以如此高兴。战胜对手后，曹操终于说出了理由："关中长远，若贼各依险阻，征之，不一二年不可定也。今皆来集，其众虽多，莫相归服，军无适主，一举可灭，为功差易，吾是以喜。"

曹操装出要与关西联军大战的军势，

潼关古城遗址

潼关

另一方面又听从徐晃等人的献计，派徐晃、朱灵率四千步骑北上渡河，再到浦阪津过河，在河西设营。

马超察觉到了曹军的动向，便与韩遂商量："敌人向北渡河，肯定是想绕到我们后面去形成合围之势，我们可以派人在渭水北面沿黄河把守，这样不出二十天，黄河东面的曹军就会粮草用尽，那么黄河东面的曹军就不战自溃了。"但是韩遂不同意马超的策略，却说："兵法云半渡而击之。"于是，马超的策略没有得到实施，朱灵等顺利地从浦阪津过河，对联军形成合围之势，联军不

黄河夕阳

得以提出割地求和。

后来曹操听说了马超的策略后，感慨地说：“马超如果不死掉，我就没有葬身之地了！”

闰八月，曹操亲自由潼关北渡黄河。先将大军移至北岸，只有曹操和许褚等虎士百余人留在南岸负责断后。

马超不期而至，率万余人袭击，乱箭齐发，矢下如雨。但曹操仍然在胡床上不动，许褚见势危，立刻扶曹操上船，船夫却被流矢射杀，许褚左手举着马鞍作盾，为曹操挡箭，右手则拼命撑船。驶了四五里，马超军仍不断追赶、射箭，大军都不知曹操安危，十分担心。这时渭南县令丁斐命人放走牛马，用以作饵引敌人，关西联军果然放弃追剿，赶紧追捕牛马，曹操最后才成功渡河。各人见曹操平安无事，悲喜交集，但曹操却大笑："今日几为小贼所困乎！"便与徐晃军会合，沿河的道路向南行。联军至渭口防守，曹操便设置多队疑兵，派另一部队乘船渡过渭水，架起浮桥，于夜中在渭南结营。马超等率兵攻打，被曹军伏兵击破。马超等屯兵日久，派使到曹操处要求以割让河西为和约，但曹操不答应。九月，曹操渡过渭水，进驻渭南的营地，马超等曾数次前往

渭南桥上桥

潼关怀古

曹操像

挑战他，曹操又不答应，只守不攻。当时，曹操曾与韩遂、马超单马会面，曹操只带着许褚前往。马超凭着自己武艺高强，想暗地里突击去活捉曹操。不过马超听过许褚的勇武，加上知道了在渭水中勇救曹操的人便是许褚后，担心计划不能成功反而危险很大，这时许褚眼睛瞪着马超，显然已经发现了马超的意图，于是马超便放弃了突击的计划。转问曹操，听说你军中有个叫"虎侯"的，人在哪里？曹操指着许褚，马超印正了自己的想法。事后，曹操夸奖许褚说："没想到贼也知道有个虎侯呀！"

渡过河后，曹操营寨多次被擅长野战的西部联军冲破，苦于没有办法的时候，有人提醒

曹操，此时天寒，可以担沙泼水筑城，曹操听从了建议，果然一夜间筑成了冰城。第二天联军到了以后，非常吃惊，以为有神灵在帮助曹操。

关西联军后路被劫，只好割地、送人质求和。谋士贾诩认为可以假装答应他们，曹操问他有何计策，贾诩说："离之而已。"曹操明白他的意思，便应许联军的请求。

韩遂作为代表与曹操相见。曹操与韩遂父亲在同一年被推荐为孝廉，又与韩遂是同辈，曾有交情。当二人会面时，在马上不谈军事，只说当年在京都的旧事，拍手欢笑。

曹军又列出五千铁骑作十重阵，联军为之惊叹，纷纷前来看曹操是什么人，曹操笑着对他们说："尔欲观曹公邪！亦犹人也，非有四目两口，但多智耳！"

会面结束，马超等问韩遂："公何言！"韩遂却回答："无所言也。"马超等对韩遂的态度十分怀疑，担心他与曹操私下联系。过了几天，曹操给韩遂书信，信中却在多个言词上涂涂抹抹，改来改去，就像是韩遂改动一样；马超等疑心愈来愈大，曹操便趁此时与联军约定决战。曹操先以轻兵前往挑起联军的争端，使联军混战了很久，曹操最后便出动王牌虎豹骑夹击联军，联军大败，曹

谓河浅滩

潼关

黄河两岸的民居建筑

隋炀帝画像

隋炀帝墓

潼关

军斩杀了成宜、李堪等人。韩遂、马超便败走凉州，杨秋则前往安定。潼关之战自此结束。

2. 李渊父子进取长安之战略

隋末大业十三年（617年）七月初，太原留守李渊父子举旗反隋，争夺天下。其时，隋炀帝远幸江都（今江苏扬州），长安无重兵，关中"群盗"蜂起；东都洛阳地区有隋将王世充与李密之瓦岗义军，双方相持不下。

李渊大军发太原，沿汾水西南行，克西

李渊命李建成率军数万人，南渡渭河，
进取潼关

河郡（今山西汾阳）、临汾郡（今临汾市）、绛郡（今新绛）、入河东郡（今永济西南）。隋大将军屈突通率精兵数万婴城而守。李渊命王长谐等率六千人先行西渡，据冯翊郡（今陕西大荔）之韩城、朝邑等县，招降纳叛，以壮声势；自率大军南下围攻河东郡城，以示兵威。

九月上旬，冯翊郡和华阴县、蒲津关城的隋官相继归降。李渊遂率大军以次西渡，舍于朝邑长春宫（今陕西大荔朝邑镇北），命长子建成率刘文静以下诸军数万人南渡渭河，屯守永丰仓城（今陕西潼关港口镇西），进取潼关，以备东方；命次子世民率刘弘基等以下数万人，西向略定渭北，包抄京城长安。

屈突通闻李渊大军西进，即留部将尧君素守城，自引兵数万自风陵津渡河，欲援救长安，但被屯守永丰仓城的刘文静所阻遏。时隋将刘纲守潼关南城，已被王长谐率军袭破。屈突通乃退而据潼关北城，与王长谐和刘文静对峙于河、渭之交的水滨原麓。

十一月上旬，李渊大军攻占长安。屈突通知大势已去，留部将桑显和守潼关北城，自己领兵东趋洛阳。既行，桑显和归降李渊；刘文静等以精骑追屈突通至稠桑（今河南灵

河南灵宝北阳平

潼关怀古

宝西北），迫其投降，并向东略地，尽取新安（河南今县）以西。

此役经太原起兵、渡河作战、克取长安三个阶段，历时近半年。按李渊父子起兵时仅有三万之众，以此军力而欲取长安和关中，必须速战决胜。是故李渊对河东郡城围而不攻，分兵先行渡河遮断蒲津桥；进而抢占永丰仓城和潼关南城，遂使屈突通的数万精兵因河山之阻，地形险促而难逞其武。可见，整个战役进程正是按照李渊的既定战略——"我得入关，据蒲津而屯永丰，阻崤函而临伊、洛，吾大事济矣"——逐步实施的。

3. 哥舒翰失潼关

哥舒翰墓

潼关

755 年，安禄山起兵反唐，势如破竹，中原大地尽陷其手。曾经名震西域的范阳、平卢节度使封常清和右金吾大将军高仙芝见其兵锋锐利，毅然放弃其他地方，集中兵力驻守潼关，扼制了叛军的进攻势头。但唐玄宗曲解其意，听信谗言，竟派人杀了这两员名将，又遣河西、陇右节度使哥舒翰统兵驻守潼关。大将哥舒翰坐镇潼关，守军号称二十万。唐军凭险，利在坚守。时郭子仪、李光弼率军自河东进入河北，连获大捷，遂联名上奏，欲乘胜北捣叛军巢穴范阳（今北京西南），并请潼关大军不可轻出。

哥舒翰纪功碑

然而，唐玄宗求胜心切；宰相杨国忠更惧怕哥舒翰兵权在握，加害于己，遂蛊惑君上，连下诏令，逼迫哥舒翰引兵出关，收复陕郡（今河南三门峡市西）和洛阳。使者相望于道，哥舒翰难违君命，于六月四日抚膺恸哭，开关出战。七日，两军相遇于灵宝西原。唐军十五万进入七十里隘道，南迫崤山，北阻大河，无法展开兵力。而叛军据险以待，乘高下木石，又借东风纵火，再以精骑掩击唐军后队。唐军首尾骇乱，惨遭败绩。士

郭子仪像
郭子仪攻打潼关之地

卒逃回潼关者仅八千余人。哥舒翰更为部下蕃将挟持，东投叛军。此战唐军远离关城，致使天险地利失去军事意义，乃是人谋之不臧，属于战略决策性失误。它不仅使叛军轻取潼关天险，更导致平叛战局急转直下：玄宗仓皇离京西逃，入蜀避乱，叛军长驱占领长安，凶焰炽盛；在河北战场连战连捷的郭子仪和李光弼，只得西撤河东，暂守太原；河北、河南各地的唐军浴血奋战，而救援不至，城池接连失守，战事呈旷日迁延之势。

4. 郭子仪克河东、攻潼关之战

河东郡（蒲州，今山西永济西南）当

郭子仪祝寿雕刻

山川要会，控据关河，其南阻黄河，与潼
关相望；北连汾晋，通往太原；西过蒲津桥，
便可进入关中。自古争雄于关中者，莫不
以河东为噤喉。唐肃宗至德二载（757年）
二月，大将郭子仪以河东居两京之间，扼
赋冲要，乃率朔方军主力自（今河套地区）
丰、胜州南下，取道洛交（今陕西富县）、

同州（今陕西大荔）趣河东，袭据其城。是月下旬，郭子仪又派军渡河，袭取潼关和永丰仓，暂时切断了长安叛军与洛阳的联系。盘据长安的叛军大将安守忠和东都洛阳的叛军头子安庆绪闻报，急忙派兵前来争夺，两军遂于潼关展开激战。结果唐军失利，退回河东。三月下旬，安守忠又率二万骑兵，自长安前来争夺河东。郭子仪指挥唐军击退叛军，稳住了河东局势。

此战唐军攻潼关，得而复失，主要是遭受叛军东西两面攻击，兵力不敌。而叛军拼力争夺潼关及河东者，正显示出潼关军事地理价值之重要。

5.黄巢义军打破潼关之战

隋唐洛阳城定鼎门遗址

潼关

　　唐广明元年（880年）十一月，在黄巢农民起义中，黄巢率领北伐义军在潼关对唐左、右神策军的作战。潼关北临黄河，南倚悬崖，自古号称天险。它是关中的屏障，长安的门户，失与守直接关系唐王朝的生死存亡。十一月中旬，黄巢率领北伐起义军攻取东都洛阳后，马不停蹄，旋即攻取陕州（今河南陕县）、虢州（今河南灵宝），向戍守潼关的唐军发出檄文，要其不要抗拒义军，不日西进攻打潼关。当时，汝、郑把截制置使齐克让率军万人，屡经战斗，刚从汝州（今河南临汝）溃散而来，扎营关外，人困马乏，冻馁交逼，各思乡间，无心把守潼关。齐克让急忙奏请唐僖宗李儇速派援兵，急运资粮。唐僖宗下令挑选左、右神策军出征，任命左军马军将军张承范为兵马先锋使兼把截潼关制置使，右军步兵将军王师会为制置关塞粮料使，左军兵马使赵珂为句当寨栅使。并亲自检阅这支部队。神策军待遇优于其他官军，都是长安官宦富豪子弟，贿赂宦官而入伍，未曾上过战阵，如今闻听出征，父子聚泣，多以金钱顾人代行，平日并不操练。因此，出征之日，张承范向皇帝进言说，黄巢拥数十万之众，鼓行而西，齐克让以饥卒万人依托关外，复遣臣以两千余人屯于关上，又未闻为馈饷之计，以此抗拒黄巢军，自己是很寒心的，愿陛下速调诸道精兵早为继援。张承范率军至华州（今陕西华县），华州刺史已调走，军民

黄巢起义遗迹

潼关

逃入华山，州里官仓尘埃、鼠迹遍地，官军取残存之米作三日粮。十二月初一，张承范部到达潼关时，老百姓早已躲藏起来，他命令官军到茂草中搜捕村民，搜得一百余人，强迫运石汲水，为守御之备。这时，张承范部与齐克让部尽皆断粮，士卒没有斗志。当天，黄巢前锋军也抵潼关，白旗满野，望不见边际。齐克让派兵出战，义军稍退却，俄而黄巢来到，举军欢呼，声振黄河、华山。齐克让率军力战，自晌午直到天黑，士卒饥饿已急，遂喧噪烧营溃散，齐克让逃回关里。潼关左边有一山谷，平日查防商贩逃税，禁止通行，叫做"禁阮"。谷里灌木寿藤茂密如织，溃散官兵沿谷奔逃，

黄巢像

潼关怀古

古长安城城墙遗址

一夜踏出一条坦途。张承范尽散其财物等给士卒，遣使上表告急。十二月初二，义军急攻潼关，张承范促军悉力抗拒，关上箭尽，投石而击。关外有天堑，干余百姓帮助义军掘土填平。入夜，义军攻关不止，纵火烧尽关楼，张承范分兵八百人，使王师会守禁阬。当王师会率兵赶到时，义军大将尚让和林言早已领兵占领禁阬，并且从禁阬分兵绕到关后，前后夹攻，官军溃散，王师会自杀，张承范换上士兵服率残兵逃走。黄巢义军于初三天明时占领潼关。义军攻破潼关重镇，为黄巢进军长安创造了良好条件。潼关失陷后，长安一片混乱。唐兵败冻馁狼狈逃窜，遇见新参战的士兵衣裘温暖鲜艳，愤怒不平，遂抢其衣裘，自相残杀，并为黄巢军引路，直捣长安城。

黄巢深知此战的重要，故集中绝对优势兵力，并在关键时刻亲临前线，指挥作战，鼓舞士气，并在百姓支援下，前后夹击，一举攻击天险潼关。

1370年，明将冯异宗攻占潼关，已经登基的朱元璋认为，潼关是三秦门户，扼而守之，残敌当如穴中之鼠。

当然，这里也肯定见证过"一骑红尘妃子笑，无人知是荔枝来"那急如星火的快马唐差，不知多少次地从潼关城进进出出。

（三）潼关墓志铭

墓志铭是对墓主一生的盖棺定论，从中可体现出古人的人生价值观念。从潼关的墓志铭中我们可以窥探古人的传统人生观。

1. 孝友与"妇道"

中国古代十分看重孝父母、友兄弟之类的孝友之道，因此在墓志铭中每每都有提及。明代《盛凤墅墓专铭并盖》中说："撮公生平懿行，父病濒危，呈天祈代。承欢继母，人无闻言。"又明《李母范氏墓专铭并盖》中说："恭人姓范，命阳县乡官晋岳阳令范肖冈公女，范肖冈公授以《孝经》《列女传》《论语》，能通大

杨播墓志

潼关怀古

大隋苏孝慈墓志

孝经

义。事父责冈公、母刘孺人，外内三以孝称。既而事继母李孺人，外内仍称之无间。"这些墓志铭，都是首先叙称墓主的孝行。在封建社会，家庭是组成社会的重要细胞，家安国安。所以，作为封建社会最高统治思想的儒教，极力宣扬孝道。孔子《论语》"为政篇"说："孟懿子问孝，子曰：'无违。'"他的后学所作《孝经》，宣扬以

孝为重的宗法人伦思想，汉代到为七经之一。孝，在封建时代，起到了维护社会秩序的重要作用。孝，作为人的道德规范，有其特殊的价值。一个人在青壮年时期生育孩子，投入极大的精力与资财，是应该受到子女孝敬的，尤其病患和老年人失去生活能力的时候，更应得到子女的孝敬与赡养，以使其老有所终。封建社会，儒教思想是未立法之法，不孝即是大逆不道，受家庭的社会的指责。孝悌之道，一般和持家、治家紧密相连。从《潼关碑石》中的墓志铭看，男子之人生价值体现在立业与仕宦、安民与济贫方面；而妇女之人生价值则仅局限于孝悌与持家、治家之中。这些墓专铭将作为墓主的恭人、孺人的孝悌之道大加称颂。《郭采亭元配郝太君合葬墓志铭并盖》曰："孺了禀性淑温，幼娴母训，于归时姑年老，举动甚艰。孺人力持左右，不避床褥之污；日奉廿旨，不惮操作之劳。及公晚得腿疾，不能行动者数载。此时人口渐盛，家计日烦，孺人竭虑经营，严训诸孙，兼扶诸曾孙，勤劳数十年，初无懈容，更难者和妯娌、睦宗族、勤绩纺乐输施，生平持已热闹物有丈夫气。"郝太君这样的作为是值得赞扬的，也成为后人的榜样。"妇道"是封建社会约束妇女道德规范的产物，有它历史的局限性，包含有严重的男尊女卑等封建色彩。

2. 立业、仁仕宦与德行

立业与仕宦，在古代是男人的专利。统观《潼关碑石》中的墓志铭，其墓主几乎都为有一官半职、或举化不成以治家、或经商致富者，其女墓主亦皆恭人、孺人之类，大多为仕宦有成者。以下着重对这部分墓志铭所反映出的传统人生观念予以剖析。

中国古代，人们追求的是通过读书进入仕途，求得一官半职，然后再平步

潼关碑石

潼关

青云，获得荣华富贵，封妻荫子、满门荣耀，认为这是最有价值的事业。当然，官有清官、赃官、奸臣、忠臣，故史书即以名宦传、良吏传、奸臣传公别记载。多属官方行为，其对人生价值的评价，反映了封建统治阶级的政治、社会、道德标准。墓志铭的刻立，一般属于民间行为，但因撰写者大都属于有官位的人，即使无官位也是属于受封建统治思想影响颇深的文人学士，他们对墓主人生价值的评价，也脱离不开封建传统观念的藩篱，但它和史传不同，由于大部分刻立于民间，与人民群众直接见面，故而较多地反映了较为普遍的价值观，其墓主都是为国家、为民族、为乡里作过贡献的人。从《潼

碑林

关碑石》中的墓志铭，即可得以印证。葛大纪以苦学举进士入仕作官，一生作了许多于国计民生有益的事，且"历官所至，务实政，不粉泽求人知"，可见他的人生价值观不是以官位权势欺压百姓，而总是"奋然欲有为"。撰者亦选择其于国计民生有价值的事写进墓志予以颂扬。《潼关碑石》中的许多墓志铭之墓主出仕作官，均以国家民众的利益为重。北周大将军准、鲁、复三州刺史临上忠壮公杨使君，"任居方牧，时逢交争，徇义记家，捐躯民境"（《杨使君後夫人萧氏墓志铭并盖》）；明故河南归德府鹿邑县知县盛风墅，"疾大行，心意整暇，言无颠倒。与家人决，语不及私。乡里慕说之"（《盛风墅墓志铭并盖》）；

明特赠中宪大夫河南按察司副使盛免南，"在官捐俸，且发家杰，以济军需"（《盛免南暨赵氏合葬墓志铭并盖》）；充分体现了他们为国为民，公而忘私的高尚人生价值观念。《潼关碑石》中的墓志铭和其他地方历代墓志一样，都颇重墓主的人品、德行，这里传统人生价值观的重要体现。我们前面提到的明代曾任知县的盛凤墅在作官之前就告试自己"苟贵达，毋败德"。他以贤良文学拜鹿邑令后，"莅任二年，邑以大治"。然而，他有"不为五斗米折腰"的气节，宁可放弃官禄不要，也不愿"败德"而媚上求荣。又月清故岁进士候铨县丞徐献章墓志铭曰："公

李自成殉难碑石

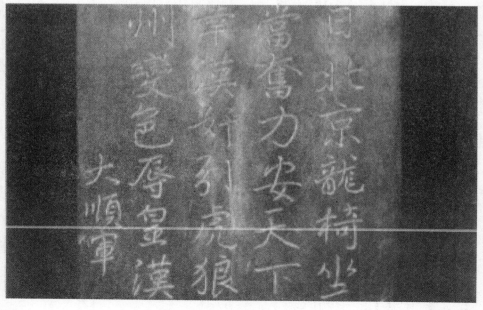

秦岭风光

素性质直，言行不苟，乐亲君子。与人相交不矫矫立异，亦不翕翕为同。教训子孙静以读书，正以修身，不使或纳于邪，予尝仰慕文正公之为人，诵其先忧后乐之言，每叹有文正斯有忠宣，今观于公，若合符焉。"当然，徐献章未能达到范促淹所说的"先天下之忧而忧，后天下之乐而乐"的高度，可所表现出的气节、德行、却是与其合折、合调的。

3. 爱民与济贫

安民、抚民、爱民、为民，这些都是传统价值观念中的"民本"思想，在《潼关碑石》中许多墓志铭里都有反映。做官为民，人民感戴之德。又有安民，抚民者，如《葛大纪墓志铭》中的葛大纪，明嘉靖丁未（1547年），迁灵寿令，县人"艰食流移，野有莩饥者思为盗。乃多方施振，且出公俸，煮粥食之，活者众，民以安集"。渐渐昨以"承足家资"。"洎去，民肖像祠焉"。为后人留下了深刻的印象。古时候一些富有的贤达之士很注意用周济贫民，表现他们的官德，以图流芳于世。《潼关碑石》中的墓志中有很多这样的例证。唐和明的墓志言及于此，一般述文较简，往往以"惠施济众"等一语带过，清代墓志铭一般则述较详。《孙瑞翁暨孺人张张氏合葬墓志铭》曰：辛未（康熙三十年，1691年）"大饥，人相食，公迎已析居之胞兄荆生公全家养之，斯又敦于弟道而大愧常情者矣。至若年已以约，济人以惠，有出赀以助有娶，贷粟不责后偿，售田以赎人之妻卖子鬻者，远超乎寻常也。"《郑冠一墓志铭》曰："于亲戚朋友中，有婚葬之事能举者，公慷慨任之，解囊资助，以襄厥成，无吝色，亦无德容。有借贷不偿者，置之不言。有干犯乎已者，从不与佼。是以潼之人皆呼为忠厚长者也。至官长有善举，或散赈粟米，或修造庙宇以及经理书院等事，公董之，视公事如已事焉。"这些富有之家能

山西临县碛口镇风光

潼关怀古

西安古城鸟瞰

在贫困的亲友乡里最困难的时候，舍己钱粮给以赈济救助，是难能可贵的。特别是在"近世人情，见利则趋，见害则避，生时相溺，没后相忘"的时风猖炽的时候，能够扶贫救危，更是使人产生敬重之心。当然，封建社会由于历史的局限，不可能解决人为什么活着、为谁话着的人生价值观问题。然而，我们不能割断历史，应该看到传统的人生价值观念中有许多进步的因素，有待探索研究并继承发扬的优秀遗产，诸如"孝友之道"，为国家建功产业、行仁义讲德行、爱民为民、先人后己，先公后私、"先生下之忧而忧，后天下之乐而乐"，济贫惠众、扶危救国等，无不有着闪光的人生价值！

（四）古老的地图籍

据古籍载，中国早在春秋战国时期，地籍图作为一个地图品种，就已应运而生。《周礼·地官司徒》载："大司徒之职，掌建邦之土地之图与其人民之数，以佐王安忧邦国。""小司徒之职，凡民讼以地比正之，地讼以图正之"。说明了中国在公元前就已经有了国家土地图和作为调解土地纠纷的地籍图了。

古代地籍图虽历史悠久，但保存下来者廖廖无几。现藏于西安碑林的《潼关图》就是内容完善、幅面较大、记载详尽的灾后地籍图，这在国内并不多见。在《潼关图》的右上方，详细说明了黄河泛滥时间及水淹灾情以及为避

潼关大桥

兔日后引起土地争议而著册立碑记载的情况：

"道光二十二年六月二十九日，黄河西浸，崩塌我村堡寨、村庄共九处；水田、井园、旱地、沙滩地亩共五百余顷。不数年间，胥移河东，欲渡河耕种，岂知新滩阴湿过盛，萌芽难生。缓待数载，恐其与邻村地界混迷，随鸣钟集众，谪议将所伤之地亩、村庄形式，并各阡长阔数，日著册绘图刊石，以防异日之用耳，当此时也。"

文中对于当时人民流离失所、背井离乡的惨景，也作了记述："三社人民千有余户，地无锥刬，居无枝木妻。"使我村之人，四散逃外者不计其数；所留者不过三百户，暂居桃林寨，并公庄、吊桥等处；更有穷民借居庙宇者甚多，遮席藏身者亦不少矣。人皆举首蹙额，彼此相告曰：田亩全无大粮，尚存将何以求生？"

最后，该地民众便采取措施，制定章法，"拟定社规数备，开列于后，凡不遵者准被逐之，以作外人"。以上说明了刻石立碑的由来、经过和作用。

《潼关图》的刻石年代为清朝道光二十四年二月二十五日（1844年）。首事人为王殿魁等，执笔是赵廷兵。这是一幅典型灾情之后绘制的地籍图，充分地反映了地籍专题特色。地界间距准确、长阔数字详尽、名称注记齐备、内容要素丰富、载负量大、范围广泛。此图是研究

潼关一景

潼关怀古

清代潼关附近地籍测量不可多得的资料。

（五）感叹潼关——张养浩

张养浩像

"峰峦如聚，波涛如怒，山河表里潼关路。望西都，意踌躇。伤心秦汉经行处，宫阙万间都做了土。兴，百姓苦；亡，百姓苦。"这首《山坡羊·潼关怀古》属于元代散曲中的小令，是元代众多散曲中的佼佼者，为张养浩应召赴陕西行台中丞任，路过潼关时所作。

张养浩（1270—1329年），字希孟，号云庄，济南人。官历县尹、监察御史、礼部尚书。为官清廉刚正，直言敢谏。武宗时，疏论时政，当国者不能容，构罪罢之。复召用，又因上疏英宗"愿以崇俭虑远为法，以喜奢乐近为戒"。帝大怒，又罢之。因感宦海浮沉，仕途险恶，故辞官归里，屡召不赴。但由于他很关心民生疾苦，所以，"天历二年（1329年），关中大旱，饥民相食，特拜陕西行台中丞。既闻命，即散其家之所有与乡里贫乏者，登车就道，遇饿者则赈之，死者则葬之。道经华山，祷雨于岳祠。"到官四月，忙于赈饥民，抑豪猾，定钞值，防吏弊，终因积劳成疾，病故任上。就在陕西赈

黄沙岸边的老水车

张养浩故居前石碑

灾时，张养浩用《山坡羊》曲调，写了九首怀古曲。在他传世的九首怀古曲中，最感人心者，当推《潼关怀古》这一首。《潼关怀古》不仅是张养浩小令中最富人民性的一首，而且也是元代现存三千八百多首小令中最富人民性的一首。

且看小令起句："峰峦如聚，波涛如怒，山河表里潼关路。"峥嵘突兀，意象开阔，突然而来，气势磅礴，笼罩全篇，可谓起调不凡。的确，小令一起调，就令人想象飞腾——看！那满头白发、满脸愁云的老诗人，正心急如焚，策马上任，在潼关道上翻山越岭。"山河表里渔关路"句中，山，华山河，黄河表里内外，这就点明潼关内有华山，外有黄河，因而通向潼关的道路背山面河，形势非常险要，因而山道崎岖路难行——一路上，严重的灾情，繁重的公务，沉重的心情，搅得他心绪不宁。啊！那奔来眼底的华山，重峦迭嶂，聚集起来，正像他的重重心事啊！那耳畔飘来的黄河涛声，正像灾民的怨怒声，声声催人！"一切景语皆情语"。尤其"聚""怒"二字，用得极为精妙，既生动地点染出了华山"峰峦"、黄河"波涛"的雄伟气势，又形象地突现出了潼关的险要形势，更妙的是烘托出了主人公在特定环境中的特定心境。

曲到此，由实渐入半实半虚，但意脉不断。

张养浩墓碑

潼关怀古

老诗人匠心独运，将眼前景物与历史背景串连起来，为后面因景生情、吊古咏怀张本铺垫，他特把潼关形势的险要和封建统治阶级的罪恶结合起来写"望西都，意踌蹰。伤心秦汉经行处，宫阙万间都做了土。"语言庄雅，意蕴深沉，凭吊古迹，感情沉郁。"咏古咏物，隐然只是咏怀，盖其中有我在也"。老诗人吊古，正是为了抒怀。他驻马潼关，放眼河山：啊！这雄踞山腰的潼关，下临黄河，扼秦、晋、豫三省之冲，有"艰难奋长戟，万古用一夫"之险，难怪成了历代兵家必争之地！此时此地，历史的风云一下涌至老诗人眼前——为夺天下争潼关，帝王们发动了多少次战争！

张养浩诗词纸扇

潼关

潼关大战获胜，帝王们才得定都西京长安——
而今抬头望长安，诗人禁不住感慨万千"哀
哉桃林战，百万化为鱼"，付出巨大牺牲的
百姓，究竟得到了什么利益？想到这，老诗
人不由得"意踌躇"心潮起伏，为民不平！"伤
心秦汉"一句，蕴含着极为丰富而深邃的历
史内容——可拿张养浩另一首小令《骊山怀
古》作注脚："骊山四顾，阿房一炬，当时
奢侈今何处？只见草萧疏，水萦纡。至今遗
恨迷烟树，列国周齐秦汉楚。赢，都变做了土；
输，都变做了土。"老诗人沿途见到秦汉两
朝遗留下来的历史遗迹——帝王"经行处"，
慨古感今，悲愤感伤的情绪顿时充溢心间：

当年这千万间宏伟壮丽的宫殿，都是千万百姓的血汗和白骨做成，而今却成了一片"可怜焦土"，老诗人在此浩叹百姓命运悲惨，意在痛斥帝王罪恶滔天。在元朝严酷的统治下，敢向"君权神授"挑战，实在大胆，实在勇敢！

"词起结最难，而结尤难于起"，曲亦然。唯此小令结句，如众流归海，辞尽意不尽。老诗人感受得深，概括得高，即他对历史悲剧的深切感受中，必然会得出这样一个具有高度概括力的历史结论"兴，百姓苦；亡，百姓苦！"看似寻常最奇崛，以情结尾，点明题旨，石破天惊，如雷贯耳，震撼人心！

张养浩墓前一景

潼关

帝王们争天下，坐天下，失天下，百姓都遭殃，都受罪！一针见血，严于斧钺，的确语不惊人意骇人，具有强烈的"警世"和"醒世"作用。"卒章显其志"，乃全曲之灵魂，一扫《骊山怀古》中胜败"都变做了土"的历史虚无主义思想，代之以历朝兴亡"百姓苦"的进步历史观，使全曲思想升华，主题闪光，爆发出了雷霆万钧的悲剧力量，真是曲终奏雅，不同凡响！"至语，本只是常语，一经道出，便成独得。词得此意，则极炼如不炼，出色而本色"。

张养浩"唯歌生民病"，意在代民立言，为民请命。他在小令中吊古伤今，叹历朝之兴亡，"哀民生之多艰"，在于控诉最高统治者

张养浩墓前石坊

的罪行，在于表示对于黑暗现实的愤慨，在于表示对于水深火热之中的人民的同情。张养浩忠诚于儒家的"民为贵、君为轻"的民本思想，而且在实践中把这一思想发挥到了令人惊异的高度。在救灾中，他能乐民之所乐，能忧民之所忧，为民办事，鞠躬尽瘁，死而后已。作为封建官僚的诗人，有如此热忱和精神，确实难能可贵。

（六）潼关吏

唐肃宗乾元元年（758 年）六月，杜甫被贬华州（今陕西华县）司功参军。这年冬他告假赴洛阳、巩县探亲，至乾元二年（759 年）春，适逢唐军在邺城（今河南安阳市）打了败

张养浩石碑

潼关

仗，史思明叛军进逼洛阳，他便离洛阳回华州任所。当时，贼势充斥，上下震恐，唐军除了退保东都洛阳，还在潼关一带抢修防御工事，以阻止叛军的西进，确保京城长安的安全。杜甫路过潼关时，看到士兵们辛苦地修筑关塞的情形，回顾他一路目睹战争给人民造成的巨大灾难，经与督役的官吏接触，始发现其在大敌当前的情况下尚有倚险轻敌的思想。加之诗人对守关将领能否正确指挥、坚守作战，甚感忧虑，担心不久将来再次一败涂地，给国家和人民造成更大损失。所以，他继《新安吏》之后，便又写了这篇《潼关吏》，告诫守关将士从思想上加倍注意，深刻认识守关的重要意义：士卒何草草，筑城潼关道。大城铁不如，小城万丈余。借问潼关吏："修关还备胡？"要我下马行，为我指山隅："连云列战格，飞鸟不能逾。胡来但自守，岂复忧西都！丈人视要处，窄狭容单车。艰难奋长戟，万古用一夫。""哀哉桃林战，百万化为鱼。请嘱防关将，慎勿学哥舒。"

这首诗的关键是在"备胡"二字，从首至尾告诫差吏和守关将领要认真对

陆俨少《潼关吏》

潼关古战场遗址

待形势，重视备胡。但言外在于规讽唐肃宗记取历史教训，慎重选用和信任守关将帅，不要再犯自己前在邺城前线不设统帅和其父当年就潼关前线听信杨国忠奸谋的错误。显然，诗的最后云"请嘱防关将"，实际是"告诉唐肃宗"，只不过是不便明言罢了。

全诗收束得十分有力，既是对腐朽的封建统治者的无情鞭挞，也是对守关将领的有力规劝，更是对筑关士卒深情鼓励，说出了当时人民的共同心声。

此诗的结穴在于"请嘱防关将，慎勿学哥舒"。诗人殷切希望防关将领能以哥舒翰之败引为前车之鉴，把国家和人民的利益放在首位，勿学哥舒翰一时的愚忠，轻率出战，以致惨败。从表面看，谴责的是哥舒翰。他战败降贼，固当受到谴责，但难道杜甫不知道杨国忠作祟和唐玄宗的昏庸无能才是溃败的根本原因吗？这里，他是在写诗，毕竟不是写历史。诗中谴责哥舒翰，就是谴责唐明皇；告诫防关将，也就是告诫唐朝廷。正告他们，在国家民族存亡之秋，在人民忍受最大痛苦之时，一定要认真对付敌人，再也不要争权夺利，勾心斗角，互相猜忌，致国家民族利益于不顾而疏忽大意，招致战争的失败。至此，诗人热爱祖国、关心民族命运和人民疾苦的情感，已溢于言表。王嗣

通关古城遗址

潼关怀古

大雅堂前杜甫像

爽认为哥舒翰只要在潼关之役中被执后以身殉职，则潼关之败就不为累的见解，也是不恰当的。这样，虽比他降贼要好得多，但作为主帅，潼关之败，"百万化为鱼"的责任，是永远不能推卸的，何况他又降了敌人！显然，诗人在这里感愤地说"慎勿学哥舒"，还是对的，也很有分寸，不愧为"诗圣"。

（一）古战船

2005年，因为发掘出我国目前规模最大、等级最高的隋代墓葬，潼关县高桥乡税村进

五　潼关的民间文化

古战船
古战船模型

入了人们的视野。其实在这个陕西最东边的村庄，还有一样传承了 1300 多年的"活文物"——古战船。如果说"睡"在地下的墓葬文物是古代美术研究的实物资料，那么，历史久远、至今仍活跃在群众文化生活中的古战船，就是独特的民间艺术文化瑰宝。

"鸡鸣闻三省，关门扼九州"的潼关，自 196 年曹操在此设立关城以来，因地势险要而素为兵家所争。方圆几百公里的土地上，到底发生了多少战事，人们已数不清。频繁的战争，在给潼关人带来无尽伤痛的同时，也孕育了独特的民间艺术——税村古战船。

潼关古战船和韩城行鼓都是渭南独特民俗表演活动。古战船起源于潼关古战场和黄河古渡的厮杀场面，反映了战士们的勇猛善战；古战船表现分为五个部分；一是流星、铁鞭开路、静场；二是竹马先行；三是古战船表演；四是舞狮舞龙；五是锣鼓助阵，渲染气氛。竹马、战船场以彩绘、剪纸、绢花装饰，有龙、虎头像认示两阵。竹马、战船表现了潼关水陆两站的配合形式，是黄河流域古代战争为民间艺术结晶，被誉为"中华一绝"。

高桥乡税村地处秦、晋、豫三省交界，距县城大概有十分钟车程。据陕西地名志记

古战船模型

潼关的民间文化

民间古战船表演艺术

载，东汉末年，黄巾起义时，洛川一董姓人在古潼关列斜沟西官路税卡旁建村，因此得名税村。

站在村头的山坡上眺望，奔流不息的黄河就在不远处掉头急转。滚滚浪花带走了古往今来多少兴衰事？村子不大，有三百多户人家，分三个村民小组，农业人口一千三百五十人。巧合的是，古战船至今也有了一千三百五十多年的历史。老艺人董育林曾开玩笑说："如果一人能够代表古战船一年的历史，我们村的村民刚好没人闲着。"

82岁的董育林是税村最年长的古战船艺

黄河壶口瀑布

黄河壶口瀑布

潼关的民间文化

人，由于年老体衰，这位古战船第 8 代传人，已经多年没有参与战船的表演了。但是说起古战船的表演情景，他仍是眉飞色舞。据他说，古战船的前身是唐朝一前辈用竹子扎成的船形，人们双手提起翩翩起舞，用以祈求风调雨顺、国泰民安，后人不断地赋予其很多表演元素。

现在的税村古战船多在阴历正月十五和二月二等重大民俗节日演出，时间一般在晚上，也有应邀演出的情形。战船出场时，烧香叫表，烟火弥漫，很是隆重。指挥者大锣一响，三眼枪鞭炮随即被点着，炮声、锣声齐鸣，而火把则把演出现场照得如同白昼，观众和求神还愿的人山人海，浓厚的民间世

税村古战船表演

潼关

税村古战船表演

俗遗风就这样扑面而来。

    税村古战船的表演活动通常由年轻力壮的年轻人来参与和组织。据说,组装古战船可不是一会就能完成的,每遇表演,表演者前一天就要忙活一晚上,再加上表演,有的人几天几夜都不合眼。但大家没人抱怨,相反,一有这样的活动,村上就热闹得很,像是过年。表演时,演出方阵进场前,先由"流星""铁鞭"清场,他们把这叫做"打场子",接着武棍、竹马、舞龙、铁鞭、武术、火流星等轮番表演。最后,规模宏大的战船上场,而战旗、锣鼓在四周围列。

税村发现大型隋代壁画墓

说起单个战船，更是有讲究。表演时，演员双手提船，真腿跑动，假腿按人物造型置于船上，船周距地面15—20厘米，绿蓝彩绸飘逸。如果在晚上，彩灯照耀，演员就像驾船漂于水中，又像神仙踩云于云端，神秘浪漫，令观众神情痴迷，大有"沙场秋点兵"的气势。

演员行船时，讲究船行平稳，不颠不摆，飘逸洒脱。高手表演时，船头还要放一碗水，飘行不洒半点，要求极为严格。就是这样的个体联合在一起，在固定锣鼓指挥下，演绎出"梅花阵""金龙阵"等阵型，甚至两军对垒、水上交战、乘胜追击等内容。

1. 渊源：李世民兵卒的匠心独创

税村古战船起源于唐朝贞观年间，距今已有 1350 多年的历史。当时，税村有一跟随唐太宗李世民征战的兵勇，名叫师全。作战勇敢的师全，在退伍回乡后，根据唐太宗李世民征战的情形，用竹子扎成战船的模样，手提着起舞，并配上简单的器乐伴奏，祈祷上苍降福黎民。当地百姓看后，竞相模仿参与。

　　后来，还是税村的能工巧匠研究改造，用柿木弯子制作人物假肢装于船上，使表演情形更加逼真。但是这样的表演形式仍显单调，后人逐步为其配上了武棍、竹马、舞龙、舞狮、铁鞭、武术、火流星等东西，同时有锣鼓、铜器的配曲，这时的战船表演才有了恢弘的气势，

《步辇图》中的唐太宗李世民

演技也才达到较高水平。

据说，为了保密，战船的前几代艺人曾喝鸡血酒盟誓，演技诀窍只能口传，不做文字记录。一个不成文的规定是，古战船表演技艺"传男不传女，传贤不传孬"。

2. 珍贵遗产"中华一绝"

税村的"船"是有讲究的，它不同于其他"采莲船""双人唱""子母船"，它所装扮的多是古时水上征战的故事，即使不是水战，也离不开战争题材，所以才称之为"古战船"。税村古战船最擅长表现"征东""草船借箭""水淹七军"等历史典故，具有明显的历史故事情节。装扮时，有专人勾画脸谱，装饰船体，安装假肢、武器等道具，形象逼真。每一个环节

税村发现的大型隋代壁画墓

仿古战船

西安关中马勺

潼关的民间文化

采莲船表演

都十分考究，表演者戴的官帽都是金属特制的，存放时，村上的女性家眷不能顺便观看，更别说戴上"过把瘾"。再说装扮船体，专门的装扮者根据人物的不同扮有"立势"（称武势），扮有"坐势"（称文势），文武将帅有执令掌印的，有舞枪弄棒的，船、人浑然一体，栩栩如生。再配上专人的讲解，场面甚是壮观。

由于老艺人们的保守思想，古代古战船的演出从未有过记录。直到从20世纪50年代开始，村上的有心人开始记录：1954年，参加老潼关民间社火表演；1988年，被编入《中国民族民

间舞蹈集成陕西卷》；1990年，参与电影《庄稼汉》的录制，为其做背景表演；当年，为西安焰火节助兴，受到中央、陕西省等主要领导的肯定，马文瑞、侯宗宾、程安东、崔林涛及权威专家高度称赞其为"中华一绝"；1992年，作为特邀参加有关部门组织的大型文艺活动，被誉为"中华瑰宝、艺苑奇葩"。

现在的税村人把古战船都当做自家的宝，男女老少皆是如此。抗日战争时期，日军轰炸潼关，村上就把表演古战船的道具全都藏在村边一个山沟附近的窑洞里，等到轰炸停

税村隋代壁画

止才拿了出来。村里的人认为，日子可以不过，但这个手艺必须传下去。

目前，在当地政府的扶持下，大量的挖掘保护工作让古战船的名气越来越大。但是，如前所述，这一艺术形式的传承办法是以师带徒，言传身教，不留文字记录，有严格的管理和保

密制度。仅古战船表演的道具保管就分了三处：一处放头饰；一处放船体；一处放近年来形成的一些文字资料。

每一代艺人中只有几个核心人物掌握其奥秘，甚至连化妆油彩的配制，也是独成一体，从不外传。艺人们为防止泄密，每次表演结束，服装道具均上锁封蜡，并在锁眼里灌醋，下次使用时必须毁锁开箱。老艺人们这一系列保守封闭的思想，长期以来阻碍了古战船技艺的发扬光大，随着他们的相继过世，此宝贵遗产若再不挖掘保护，数年之后就有失传的可能。

所幸的是新一代艺人并不受老前辈迂腐

古战船表演者

夕阳下的古战船

潼关

潼关风光

思想的干扰，第十代传人董开战说过：一定
要让这个东西，在我们手里走出中国、走向
世界。

（二）踩高跷

高跷亦称"木棍上的秧歌"，五虎张"高
跷"一般分为"文跷"和"武跷"两大类，
均依照戏剧中的帝王将相和才子佳人。表演
者手持各种道具，排成队列，在雄浑鼓乐的
伴奏下，踩着铿锵有力的节奏，翩翩起舞，
如下腰、劈叉、鹞子翻身、鲤鱼打挺、扑蝶、
原地旋转360度以及叠罗汉等，精彩的表演、
高难度的动作，常常博得观众的惊叹和称赞。

踩高跷

（三）背芯子

潼关南街芯子产生于古潼关南街辖区境内，同时也有邻近的少数人参加，以铁制骨架为各种装饰艺术的"芯"，承载一至数名小孩，加上动作表演，以高、险、奇、巧成为南街的一种特色艺术，深受广大群众及外国友人的喜欢。

芯子为手工及表演技艺，其铁芯要用熟铁再经过多次锻打，使其成为刚柔兼济

背芯子表演

传统踩高跷表演

背芯子表演

的专用钢材，既能承载重物，又可以在一定程度上活动，让人有一种艺术的美感，可以表演古今的戏剧、民间传说及其他多方面的内容。

南街芯子的规模可大可小，可以在大型广场演出，也可以在舞台上演出；可以单独演出，也可以和锣鼓、秧歌等配合演出。同时有背芯子、抬芯子和车芯子之分，以便根据不同的场合安排不同的活动内容。